O QUE VOCÊ
VAI SER QUANDO CRESCER?

UM GUIA PARA SUA ESCOLHA PROFISSIONAL

MARIA ELCI SPACCAQUERCHE

O QUE VOCÊ VAI SER QUANDO CRESCER?
UM GUIA PARA SUA ESCOLHA PROFISSIONAL

2º Edição

DeLeitura

Copyright © 1999 by Maria Elci Spaccaquerche

Capa:
João Baptista da Costa Aguiar

Revisão:
Luiz Roberto Malta
Jurema Maurell

Todos os direitos desta edição reservados à

DeLeitura Editora e Comércio Ltda.

Rua Teixeira Pinto, 55
04503-060 – São Paulo – SP
Fax: 011-887-3540
E-mail: deleitura@snet.com.br

Catalogação na Fonte do Departamento Nacional do Livro

S732q
  Spaccaquerche, Maria Elci.
    O que você vai ser quando crescer? / Maria
  Elci Spaccaquerche. - São Paulo : DeLeitura,
  1999.
    104p. ; 14 x 21cm.

  ISBN 85-86418-09-9

  1. Orientação profissional. I. Título.

                                CDD-371.425

Ao meu filho Flávio,
e a todos os jovens que
comigo compartilharam
o processo de escolha.

"Todos nós, num determinado momento, temos a visão de nossa existência como sendo especial, muito preciosa e intransferível. Essa transformação se dá quase sempre na adolescência."

(*in* Johnson, R. *He*. Ed. Mercuryo, São Paulo)

Índice

Prólogo 9
1 – A Proposta 13
2 – Primeira Dinâmica de Grupo 17
3 – Segunda Dinâmica 25
4 – Terceira Dinâmica 35
5 – Quarta Dinâmica 41
6 – Quinta Dinâmica 49
7 – Sexta Dinâmica 55
8 – Sétima Dinâmica 69
9 – As Profissões 75
10 – Oitava Dinâmica 81
11 – Nona Dinâmica 85
12 – A Feira das Profissões 91
Epílogo 103

Prólogo

Terminamos a reunião pedagógica de final de ano com a apresentação do nosso trabalho. A feira de profissões foi um sucesso! Alunos, professores e pais nos deram ótimos *feedbacks*. Berenice estava bastante satisfeita com os resultados e eu, como orientadora, mais ainda. Conseguimos colocar em prática um plano que eu havia acalentado já há algum tempo: um programa de orientação profissional para jovens na faixa de 16, 17 anos. Foram muitas reuniões entre os orientadores para chegarmos a um consenso. A opção por essa faixa etária levou a algumas discussões acaloradas. Para alguns parecia cedo demais para uma escolha profissional, para outros, tarde. Por fim, acabamos optando para fazer o trabalho de Orientação Profissional com os jovens dessa idade, pois respondia às necessidades do nosso contexto.

Certa vez uma mãe de aluno me questionou sobre o porquê dessa faixa etária. E eu lhe expliquei que, de fato, existe uma série de fatores que concorrem para que uma escolha profissional se dê por volta dos 17 anos. "– Mas eles já estão maduros para fazer uma escolha? É tão difícil saber o que vamos ser!" ela me interpelou. "– Sim, é difícil", eu lhe disse. E considerei com ela dois pontos importantes para a análise da questão.

Primeiro, o fator maturidade e, segundo, a questão da escolha como um processo dinâmico e não estático, que ocorre durante toda uma vida. Quanto à maturidade, poderíamos dizer que da mesma forma que há uma prontidão para a alfabetização, também existe uma "prontidão para a escolha profissional". E isso depende de fatores como: características de personalidade, expectativas e pressões dos grupos sociais a que se pertence – família, amigos, escola etc. –, desenvolvimento emocional do jovem, além do contexto social mais amplo, que é o lugar onde se vive.

Assim como há um crescimento físico acelerado na adolescência, com grandes mudanças hormonais que determinam novas formas de comportamento, também os fatos psicológicos acontecem de uma maneira rápida para os jovens, fazendo emergir a motivação para a escolha de uma carreira.

Por outro lado, o exercício da liberdade nem sempre é fácil, mesmo para pais e professores. Escolher requer muitas vezes abrir mão de sonhos ou fantasias, ou ainda, lutar para que os sonhos se realizem, enfrentando os mais diversos e duros obstáculos. Escolher pressupõe também conhecer, ter as informações necessárias para a opção. E foi exatamente essa a razão de implantarmos o processo de orientação profissional na escola.

Durante um semestre os jovens estariam aprendendo a buscar o conhecimento necessário para fazer suas escolhas.

Desde o ano anterior a professora Berenice e eu preparamos um planejamento de Orientação Profissional que incluía tarefas a serem propostas nas aulas. Sabendo que entre o planejamento e a prática existe sempre um distanciamento – "às vezes um abismo!" –, como diria nossa diretora, deixamos aberturas para revisões e remanejamentos, pois novas idéias poderiam surgir a partir das dinâmicas de grupo.

Berenice e eu tínhamos um objetivo e uma diretriz. Sabíamos o que queríamos, delineamos um projeto e fomos também observando como todo o processo ocorria, transformando-o e adaptando-o conforme as realidades contextuais. Resolvi gravar as aulas e juntamente com minhas anotações fui montando uma espécie de estudo de caso. Fui preenchendo as lacunas e vazios com algumas idéias minhas e de Berenice. Assim esse livro foi se configurando.

Transcrevo aqui em ficção o que vivemos na realidade. Transcrevo alguns diálogos do grupo que escolhi retratar. Creio que muitos jovens poderão se encontrar nas falas do Sérgio, no jeito do Marcos, da Pat, da Alê, do Tato...

Creio que muitos de nós educadores temos ponderações semelhantes às de Berenice. E creio que também vamos gostar de seus contos encontrados nos livros da velha estante de sua avó. São contos antigos que pertencem ao patrimônio da humanidade, e que podem nos ensinar um pouco. Falam de alguma maneira da questão profissional. Afinal, escolher uma profissão, exercer um trabalho faz parte da história do ser humano, e de cada um de nós.

1
A Proposta

Volta às aulas. Sempre um começar de novo. Os corredores da escola criam vida – e que vida! Jovens falando alto, rindo, dirigindo-se para as classes. O bochincho dos intervalos. Dentro das salas, os professores falam de seus planos de aula para o semestre, das regras de comportamento e de avaliação. Os alunos da manhã escutavam tudo ainda meio "sonados".

Em suas duas aulas seguidas, Berenice explicou para a turma o trabalho que deveriam desenvolver nesse semestre. Eles deveriam pesquisar as profissões por que tinham mais interesse, e depois escolher dentre elas três que apresentariam para as classes numa feira de profissões, que aconteceria no final do semestre.

A professora Berenice teve muita paciência nesse início de aula, pois mal ia explicando como seria o processo, os alunos começavam a perguntar e comentar uns com os outros. Por fim, Berenice conseguiu mostrar que as aulas de Orientação Educacional nesse semestre estariam voltadas para a escolha profissional. Haveria uma dinâmica de grupo em cada aula, e tarefas a serem cumpridas. A classe seria então dividida em grupos. E cada grupo responsável por três profissões escolhidas por eles para apresentação na feira de profissões. Os grupos deveriam ter no mínimo cinco e no máximo oito alunos.

A primeira parte da aula foi toda para explicar o porquê desse trabalho. Falou-se da conjuntura sócio-econômica do país e do mundo. E também das questões de trabalho, emprego e realização pessoal. Os alunos pareciam bem motivados para o tema. Suas escolhas seriam importantes e decisivas para o resto de suas vidas. E, de certa forma, eles tinham essa percepção.

Quando os grupos se dividiram foi aquele barulho de arrastar carteiras na classe. Eu fui ajudando a Berenice a acomodá-los, e resolvi acompanhar mais de perto um deles.

No início os grupos também passaram por uma adaptação, e decorridas algumas semanas foram formando uma identidade grupal, e acabaram por se batizarem com nomes bastante criativos. Tenho ainda anotados alguns deles: *"Grupo Velocidade e Ação"*, *"Os Verdinhos"* (ao contrário dos "marronzinhos" do trânsito de São Paulo, os elementos desse grupo queriam trabalhar no campo, ou na área das biológicas), *"Turma da Aventura"* (interessados em esportes radicais), o grupo *"Eu sou você amanhã"*, e assim por diante.

O grupo que acompanhei e descrevo foi o "*O que você vai ser quando crescer?*". Eram jovens muito dinâmicos, alegres e responsáveis. Suas personalidades e escolhas foram se mostrando ao longo do tempo, ficando cada vez mais claras para eles e para mim. Espero poder relatá-las o mais fielmente possível.

2
Primeira Dinâmica de Grupo

– Poxa, que trabalheira! Essa feira de profissões vai dar o que fazer! Vamos ter de montar estandes, fazer cartazes, falar sobre as profissões que a gente escolher. E Marcos foi citando cada uma das tarefas propostas pela orientadora, de uma maneira lenta e preguiçosa, como se estivesse carregando um grande fardo nas costas. Mas esse era o Marcos. Tudo para ele assumia uma proporção maior do que para os outros. Até seu jeito grandalhão, braços caídos ao longo do corpo, carregando uma mochila que quase sempre se arrastava no chão, davam a impressão de um eterno cansaço quando ele aparecia na porta da sala de aula, logo cedo pela manhã. Não que fosse sempre um desanimado. Tinha seus entusiasmos, que apareciam de vez em quando.

– Trabalheira nada, respondeu Sérgio, se opondo ao amigo. É até simples! Vamos escrever sobre três profissões que todo mundo conhece, assim a gente não tem muito trabalho!

– Quais profissões? – falou Pat, introduzindo-se no grupo. – Publicidade, Direito, Administração ou Veterinária? Todo mundo só fala dessas! É fácil conseguir informações sobre elas.

– Pera lá, gente, disse Mariana, que estava sentada ao lado deles. Acho que não é bem assim que é para se montar o estande. A Berê – disse ela referindo-se à professora Berenice – explicou que cada grupo deveria escolher três profissões dentre aquelas preferidas por nós. Não sei se algum de nós está interessado em Publicidade ou Direito, por exemplo. Eu acho que a gente deveria escolher aquelas profissões que quer conhecer melhor. Assim, pelo menos a gente aproveita nosso tempo e trabalho.

– Você sempre prática, Mariana – retorquiu Pat, ao que a outra sacudiu a cabeça, concordando.

Fernando, que estava meio absorto, ouvindo a conversa dos colegas, e ao mesmo tempo concluindo uns exercícios de matemática que deixara por fazer, resolveu falar:

– Eu já sei o que quero fazer. E disse, como se pairasse acima de toda aquela confusão: – Eu só preciso de um pouco mais de informações.

– E o que você quer? – perguntou-lhe Marcos.

– Direito – respondeu ele, como se já fosse um juiz.

– Eu também sei – disse Alessandra. – Vou fazer Veterinária. Adoro animais. Em casa quem cuida dos cachorros sou eu. E então, Alê disparou a contar suas estórias com bichos: – Vocês se lembram daquela vez que tentei salvar uma coruja ferida? Ela estava toda machucada perto de uma guia de rua. Não dava nem para acreditar!

E enquanto falava seus olhos ficaram marejados de lágrimas, o que fez Sérgio interrompê-la, dizendo: – Tá bom Alê, não precisa ficar assim. Já pensou se você se emocionar cada vez que for tratar de um bichinho? E virando-se de lado perguntou: – E você Tato, já pensou em algo?

– Eu nem sei. Nem me imagino viver numa vida apertada de terno e gravata. Nem pensar! Tato tinha um jeito malandro e sedutor que sempre sugeria um pedido de salvação. Parecia mesmo que ele queria que alguém lhe dissesse: – "Não precisa se preocupar, nem tomar nenhuma decisão, fique tranqüilo que tudo vai dar certo." Com aquele olhar entre sedutor e terno, Tato sempre encontrava alguma menina que com seu instinto maternal o acolhia. Era assim nos seus namoros. Não gostava de tomar decisões. E agora parecia estar fazendo o mesmo com sua carreira profissional.

– Já sei. Você quer que o mundo acabe num barranco para você morrer encostado – disse Pat, rindo, não entrando na do Tato. – Eu já quero fazer tantas coisa que nem sei o que escolher. Já pensei em Pediatria, porque adoro crianças. Em Publicidade, porque acho o máximo as propagandas da televisão. E também Administração para talvez trabalhar no escritório do meu pai. E Nutricionismo, como minha prima Camila. Sou ligada nessa coisa de dietas.

– E aí, como é que você vai decidir?

– Não sei. Acho que na hora H faço um X numa profissão que me der na cabeça. Ou escolho a que der mais dinheiro – disse ela, rindo.

– Bem, mas aí você não escolhe. Você vai deixar a sorte escolher por você. Pode parecer muito fácil, mas você pode se dar mal o resto da vida, ou vai ficar mudando de curso por um bom tempo – ponderou Mariana.

– E vai dizer que a culpa não foi dela. Foi azar! – completou Marcos que estava começando a perceber que as escolhas não são tão simples assim.

– É mesmo, Pat. Acho que é o nosso futuro que está em jogo.

– Você tem muito papo cabeça, Mariana, deveria fazer Psicologia – falou Fernando, olhando carinhosamente para ela.

Sérgio, percebendo o embaraço da menina, entrou na conversa, estabanado e divertido, levantou-se da cadeira com seus um metro e noventa, esticou-se e disse:

– A gente está é perdido, nem sabe o que vai ser quando crescer!

– Jogador de basquete, falou um, olhando para a altura do amigo.

– Ou vendedor de escova de dentes para banguelas, falou outro.

E a brincadeira começou, mas Berê, que estava andando pela sala, logo se aproximou do grupo que foi se aquietando e voltando-se para a tarefa. Pediu, então, que cada um falasse um pouco das profissões que já haviam pensado. E que cada grupo apresentasse no final da aula um resumo do que haviam discutido.

Marcos falou, meio rindo: – Eu gostaria de continuar jogando futebol, como fazia há um tempo atrás, quando tinha meus 10, 12 anos. Tinha uniforme do time e era só alegria. Queria ser como o Ronaldinho. Seria muito bom ir para o timão. Mas sei que não levo jeito para bola.

– Eu gostaria de saber mais sobre hotelaria, disse Patrícia. – Ouvi dizer que está havendo cada vez mais empregos na área de turismo e lazer. Como diz meu pai, nunca se viajou tanto como nos dias de hoje.

– Nossa, você quer saber sobre tudo, Pat. Será que existe algum emprego de surfista ou mergulhador? Pois o que eu adoro é uma praia – Tato retrucou.

Assim eles passaram o resto do tempo da aula, falando sobre o que tinham ouvido falar. Nada de muito concreto. Tudo que sabiam era de "orelhada". De fato, como eram os cursos e quais as possibilidades de trabalho nas diversas áreas, parecia-lhes um mistério insondável. Enquanto falavam, Fernando começou a fazer algumas anotações, ajudado por Mariana. Ele mesmo sabia muito pouco sobre a extensão da área de Direito. Estava absorto escrevendo quando foi interrompido pelo vozeirão do Sérgio.

– O que você está escrevendo aí? Ainda os exercícios de matemática?

– Não, nada disso, respondeu Fernando. – Estou tentando resumir nossa reunião.

– Como pode? Só falamos besteira – disse Tato.

– Ah! Nem tanto – retrucou Mariana que estava ao lado. E voltando-se para o grupo, falou: – Vejam se vocês concordam com o nosso resumo. Então leu:

RESUMO

Nosso grupo levantou interesse por várias profissões. Cada um fez diversas sugestões. Foram elas: Direito, Nutricionismo, Administração, Veterinária. Hotelaria, Psicologia, Jogador de Futebol, Mergulhador, Publicidade, Propaganda.

O que pudemos perceber na reunião de hoje foi que:

1. A escolha profissional é importante para todos nós, pois estamos pensando em nosso futuro.

2. Temos muitos interesses, e fica difícil escolher.

3. Mais difícil ainda quando não se tem nenhum interesse.

4. Conhecemos pouco sobre as profissões, e sabemos menos ainda das possibilidades de trabalho que existem.

5. Alguns de nós não têm a mínima idéia sobre o que vão fazer.

6. Alguns dizem que têm. (Será?)

Integrantes do grupo: Alessandra (Alê) n° 3, Patrícia (Pat) n° 25, Sérgio n° 28, Renato (Tato), n° 26, Marcos n° 17, Mariana n° 22, M. Isabel (Belzinha) n° 20, Fernando n° 11.

– Nossa! – Tem mais dúvidas do que qualquer outra coisa. Será que a Berê vai aceitar? – falou Sérgio.

– Mas é assim que nós estamos, disse Mariana. E logo foi interrompida.

– Sabe, enquanto você falava fiquei pensando que a gente gosta de uma porção de coisas, mas que não precisam ser o trabalho da gente. Como o futebol do Marcos, ou cuidar de animais como Alê – falou, Belzinha que até agora não havia feito nenhum comentário mas que estava muito atenta ao grupo.

– É, pensando bem, acho que uma profissão não vai satisfazer todos os meus interesses – disse Pat, meio espantada com o aparte inesperado da amiga.

– Para mim, nenhuma – disse Tato – cortando aquele momento de certa reflexão, e fazendo o pessoal sorrir.

– Bem, disse Mariana sem dar ouvidos a ele, temos

de entregar um relatório de grupo. Acho que posso acrescentar essa idéia de que *a gente gosta de uma porção de coisas, mas que nem tudo vai ser profissão.*

A aula já estava terminando. A professora Berenice andava pela sala conversando com os grupos e recolhendo seus relatórios. Os alunos falavam animadamente. Às vezes um pouco alto demais, atrapalhando os outros grupos que ainda terminavam. Mas Berê parecia controlá-los de maneira firme e doce, sabendo que temas como esse são polêmicos, e que os jovens quando envolvidos extrapolam um pouco nos gestos e no tom de voz.

Esse primeiro encontro teve como objetivo levantar junto aos alunos aquelas profissões e/ou cursos que eles já haviam pensado em fazer ou conhecer. E, ainda, como eles se percebiam diante da escolha profissional. Já sabiam o que queriam? O que mais gostariam de saber? Parecia que o nosso objetivo havia sido alcançado. Os relatórios foram bastante sugestivos, e pudemos trabalhar com seus questionamentos nas aulas seguintes.

3

Segunda Dinâmica

O grupo se reunia dessa vez um pouco mais interessado, ainda que disperso por ser o final de um dia de aulas. No início daquela manhã, houve uma palestra da professora Maria do Carmo que falara com tanto entusiasmo sobre a importância de entendermos a História, que todos saíram como que contaminados pela aula. Ela mostrou como a história de cada um está dentro da História do mundo. E como cada um de nós contribui de alguma forma para a evolução da humanidade. Que cada ser que nasce reconstrói em si a história do homem.

Eles puderam acompanhar através dos cartazes e fotos a evolução tecnológica, desde a descoberta da roda. E como foi rápida nesse último século!

Perceberam também que em muitas coisas o homem não evoluiu, como na questão das guerras, da violência, das lutas pela terra. Mas que também em todas as épocas existiram aqueles que acreditaram no potencial das pessoas, no seu desenvolvimento e crescimento. E que assim todos contribuíam para essa humanidade, de uma forma ou de outra, construindo ou destruindo.

Mas o importante era como a professora Maria do Carmo falava. Havia um brilho no seu olhar, um entusiasmo contagiante. E ela envolvia todos da classe, até mesmo os mais desligados.

A história deles ligada à História da humanidade! Nunca haviam pensado nisso!

– Como pode ser? – indagou um dos alunos, durante a exposição de Maria do Carmo. – Como pode ser que alguém de nós, tão pequeno diante dos poderes do mundo, possa influenciar o mundo?

Maria do Carmo perguntou se eles conheciam a expressão "cada família é uma célula da sociedade". E usando essa metáfora ela explicou que a sociedade é como um organismo. Assim, a família é um núcleo importante do organismo social, e o indivíduo também o é dentro da família e dentro do grupo social a que pertence.

Quando terminou a aula veio o recreio, e todos saíram fazendo a algazarra de sempre. Marcão ia caminhando no seu passo lento quando passou por ele a Belzinha dizendo: – Está desanimado? Não gostou da aula?

– Lógico que gostei. Estou é pensando, – falou, sorrindo. – Começo a me sentir importante. A sociedade, o mundo precisa de mim. Nunca pensei! – E estufou o peito.

Belzinha riu com ele, e falou:

– Mas não fique se "achando"! Pode abaixar esse peito estufado, a sociedade precisa de você, mas você precisa fazer sua parte.

E continuaram conversando e rindo, até a lanchonete da escola que estava lotada, como sempre.

Quando se reuniram para a aula de Orientação Profissional estavam todos já meio cansados, mas Mariana motivou o grupo, lembrando-lhes alguns pontos da aula de História.

Pat organizou a turma.

– Gente, vamos começar? Temos de responder a umas questões novas.

Berê propôs a tarefa que assim explicou para a classe:

– Hoje vocês vão pensar em pessoas que vocês admiram, e então, respondam o que elas fazem e que profissão exercem. Cada um pode escolher um profissional, mas, por favor, não escolham só jogador de futebol, modelos ou artistas de cinema e TV. Pensem em outras pessoas. Naquelas que vocês encontram no seu dia a dia. Escrevam num papel o que elas são e o que fazem. Bastam algumas linhas.

Em seguida ela entregou para os grupos uma folha especificando a tarefa daquela aula.

TAREFA Nº 2

A – Cada um do grupo, individualmente, escolhe um profissional que admira, e numa folha de papel vai descrevê-lo, em poucas linhas.

B – Depois de terem descrito o profissional que admiram, contem para o grupo o que escreveram, e quem é essa pessoa, o que ela faz, e o que nela vocês admiram.

C – Agora, considerando os profissionais escolhidos, respondam às seguintes questões:

1. Qual a importância dos estudos para exercer tal profissão?

2. Tal pessoa exerceu sempre a mesma profissão durante toda a sua vida?

3. O que foi necessário a pessoa desenvolver para ter tido um bom desempenho e sucesso na profissão?

4. O que pesou mais para o sucesso? O talento, o esforço e persistência? Ou outra qualidade e característica?

5. Como foi para cada um desses profissionais o caminho de suas carreiras? Como chegaram onde estão?

6. Que perspectivas eles têm para o futuro?

7. O que eles têm em comum?

A discussão do grupo começou lenta. Ninguém conseguia pensar em alguém que não fosse um sucesso do momento na mídia. Um ou outro aluno dizia não admirar ninguém. Outros falavam não conhecer ninguém importante. Mas, Fernando começou a falar do avô, que muito admirava, além de ter por ele um carinho especial. E foi trazendo o grupo para o dia a dia, o pé no chão. Marcão lembrou-se do tio, comandante de avião, que tinha estórias que o fascinavam. Berê insistiu, então, para que descrevessem essas pessoas por escrito antes de contarem para o grupo. E foi assim que eles fizeram.

Em seguida, cada um foi relatando o profissional que admirava, suas características, o tipo de trabalho e de vida que desenvolveram. Começaram, então, a perceber que o mundo do trabalho é mais interessante do que imaginavam. Que havia muitas possibilidades. E que era fundamental a pessoa estar envolvida com o que fazia. Era preciso gostar, ter garra, como acontecia com aquelas pessoas, cujas histórias estavam sendo contadas. Também, que é através do trabalho, da profissão, que o ser humano se integra no mundo e na História, como havia dito a professora Maria do Carmo.

Pat tinha escolhido um médico pediatra que admirava muito, pois havia sido seu médico e de seus irmãos, primos etc., e então questionou:

– Como a gente pode saber se uma profissão vai ser definitiva na vida? E se não for? A vida pode se tornar uma bagunça!?

– Não é bem assim – disse Belzinha. – Conheço vários profissionais que foram mudando ao longo da vida. Muitas vezes começam com uma profissão e acabam em outra. Por exemplo, tem médico que acaba como diretor de hospital, que não foi o caso do Dr. Rubens, seu pediatra. Sei de engenheiros que acabam como diretores ou executivos de empresa, de bancos, e assim por diante.

– As pessoas vão agregando experiências, ou a vida as vai empurrando para outras áreas, ou oportunidades, – disse Berê, que estava ali ao lado acompanhando o raciocínio da Maria Isabel. E continuou: – Além das oportunidades da vida, o empenho pessoal conta muito. A gente não pode prever totalmente o futuro. Mas podemos, de alguma maneira, encaminhá-lo. Algumas pessoas são bastante definidas em termos profissionais. Outras não são tão focadas, e têm preferências mais variadas, porém numa mesma área. E outras, ainda, gostam de exercer mais de uma profissão, e às vezes juntam áreas diversas num mesmo trabalho, como é o caso hoje, por exemplo, da Engenharia Genética, e tantas novas profissões que estão surgindo.

Alê perguntou, então: – O que pesa mais na hora da escolha, o *interesse* por alguma coisa ou *a capacidade* de executá-la?

Ela comentou então sobre uma amiga que adorava decoração e arquitetura, mas que não tinha habilidade para segurar uma régua, e ainda não se imaginava fazendo cálculos, ou exatas.

Todos comentaram sobre vários casos desse tipo, tentando ver se o interesse poderia ser tanto a ponto de suplantar a falta de habilidade.

Sérgio dizia: – Não adianta querer ser ourives como meu tio, avô, se você não tem habilidade manual. É preciso ter mão firme e saber lidar com pequenos objetos para ser relojoeiro, ourives, ou até mesmo dentista.

Alguns do grupo achavam que com esforço tudo era possível. Mas será que é bem assim? Outros achavam que a pessoa já não gosta muito do que não é capaz. Por exemplo, Matemática: *não vai bem quem não gosta, ou não gosta quem não vai bem?*

– Até sei de gente que vai bem em matemática, mas não gosta, e nem quer fazer nada ligado à área de exatas. Mas eu não conheço ninguém que AME matemática e vá mal! – disse Marcos, fazendo todos rirem do seu jeito enfático de falar.

– É – falou Tato – tem gente que vai bem em quase tudo, mas não gosta de tudo! E muitas vezes não sabem como fazer uma escolha.

A aula já estava terminando. Berenice avisou que eles continuariam com esse tema. Poderiam, também, conversar com aquelas pessoas que escolheram, se tivessem oportunidade. E o relatório ficaria para ser feito na próxima aula.

O sinal tocou e os alunos, apanhando suas mochilas e despedindo-se da Berenice, foram ainda comentando o assunto.

Berenice e eu nos reunimos mais tarde para avaliarmos nosso trabalho.

Foi uma feliz coincidência termos a professora Maria do Carmo falando de História de uma maneira tão entusiasmada e tão envolvente. Faz parte do nosso currículo do trimestre os professores falarem de suas matérias: as últimas pesquisas na área, o leque de atuação e os campos de trabalho, bem como das perspectivas profissionais. Mostram também os aspectos práticos de sua disciplina e como essa área de conhecimento influencia o nosso dia-a-dia – desde a nossa alimentação, passando por toda a moderna eletrônica, a nossa economia doméstica, até os computadores, e os relacionamentos via Internet.

Observamos que, nesse dia, com todos os questionamentos e apartes da Berê, os alunos estavam começando a traçar a relação entre os vários **fatores motivacionais** que levam o indivíduo a uma escolha. Vou resumi-los:

• **Características da personalidade**: o jeito de ser da pessoa, por exemplo: mais expansiva, mais retraída; dinâmica ou mais calma. Suas preferências ou gostos em geral. As formas diferentes de dar solução a um problema. Seus valores.

• **Tipos de inteligência**: por exemplo, os tipos mais práticos, os mais imaginativos, ou os mais mentais. Aqueles que gostam de **fazer** coisas, e aqueles que gostam de **criar** coisas, e aqueles que gostam de **pensar** sobre as coisas.

• **Habilidades**: são os talentos que as pessoas têm, como por exemplo, facilidade para escrever, para cálculos, para desenhar, para tocar um instrumento, para consertar coisas, para dançar, para cantar, para um esporte etc.

- **Interesses**: os interesses de um indivíduo se formam basicamente a partir do meio social em que vive. São as influências que recebemos das pessoas que estão à nossa volta, como parentes, amigos, professores. Existem também aqueles interesses criados pela mídia, principalmente através dos comerciais e dos programas de rádio e TV. É muito comum haver uma identificação com os personagens da televisão, e muitas vezes, após o sucesso de um programa ou de uma novela, várias pessoas passam a agir ou querer fazer coisas iguais aos "heróis" das estórias

A partir dessas observações, nosso planejamento incluiu esses pontos que deveriam ser retomados de maneira mais detalhada no decorrer das próximas aulas.

4

TERCEIRA DINÂMICA

Depois de se organizar, o grupo logo começou a comentar sobre a semana e sobre os profissionais que encontraram. Alê havia conversado com o profissional que mais admirava, aliás a profissional. Quem poderia ser senão a veterinária de sua cachorra Kelly?! Havia feito boas descobertas sobre a profissão de veterinária, pois a Dra. Eda, que era um pessoa bem-sucedida com o seu trabalho, conversou com Alê sobre os anos de estudo, a vida acadêmica, as boas faculdades, e o campo de trabalho.

Como Alê, os outros integrantes do grupo observaram que os profissionais bem-sucedidos que encontraram tinham algumas características comuns bem marcantes. Eram pessoas que, além de determinadas e lutadoras, tinham sempre a coragem de seguir o que acreditavam. Eram também pessoas abertas às novas propostas, e com muita curiosidade para saber e aprender mais. Muitas delas, apesar da idade, ainda tinham perspectivas para o futuro! Outras não pensavam em parar de trabalhar! Gostavam do que faziam e exerciam seu trabalho com prazer (apesar de todas as inúmeras dificuldades e contratempos que encontravam). Demonstravam entusiasmo pelo que faziam Elas pensavam grande, e o mundo para elas era muito, muito vasto.

Partindo das observações que recolheram, começaram a elaborar o relatório, respondendo às questões da tarefa números dois.

Fernando escreveu sobre seu avô e a área de Direito.

Belzinha havia conversado com uma amiga de sua mãe que era dona da doceira mais badalada da cidade.

Tato, apesar de gostar do surfe, disse que a pessoa que mais admirava era o seu Manoel da sapataria. Sempre de bom humor. E muito caprichoso em tudo que fazia – desde consertos até sapatos, bolsas e cintos sob encomenda.

Marcos foi falar com o tio piloto, e também com o caseiro do sítio do tio Alcides. Ele admirava o seu Anésio e o amor desse homem pela terra.

Mariana descreveu Dona Beatriz, a professora e

diretora de sua escola de 1º grau. Era uma mulher firme e determinada. E foi quem a orientou nas primeiras leituras. Admirava sua dedicação, amor e respeito por todos, alunos e professores. Sabia o nome de todos, e suas histórias pessoais. A escola era sua vida.

Sérgio havia conversado com seu tio-avô, o ourives, seu Vítor. Foi uma longa e agradável conversa. O velho homem tinha histórias interessantes sobre as pedras preciosas, onde encontrá-las, como reconhecê-las etc. E mencionou uma frase de Fernando Pessoa da qual Sérgio gostou tanto que trouxe para o grupo. E o título do relatório aquele dia ficou com essa frase:

"Tudo vale a pena quando a alma não é pequena."

Berenice e eu nos reunimos para finalizar um texto que eu havia redigido para ser entregue aos alunos na próxima aula. Nosso objetivo era esclarecer um pouco mais sobre os termos que comumente ouviam sem saber a diferença entre eles. "O que é Teste Vocacional?" nos perguntou um. "É a mesma coisa que Orientação Vocacional?" "Qual a diferença de Orientação Profissional?", e assim por diante. São expressões e termos muito usados, que na verdade, contêm um pouco da história da escolha profissional ao longo dos tempos.

Além de clarear essas questões, era também importante que eles percebessem que o nosso trabalho era focado basicamente no **processo de escolha**. E que só existe escolha com informação e conhecimento. Para tanto, no caso da escolha profissional é necessário ter um certo nível de consciência de si mesmo (o autoconhecimento, pelo menos no que se refere a habilidades, talentos, valores e motivações) – e um conhecimento do mundo do trabalho: carreira, profissões, processos acadêmicos etc.

Queríamos motivá-los para esses dois grandes momentos do processo da orientação profissional: o autoconhecimento e o conhecimento das profissões. Eis o texto que escrevemos:

A ESCOLHA PROFISSIONAL

*A escolha profissional está dentro do amplo processo de desenvolvimento do nosso **ser**, que ocorre durante toda a vida. Não somos seres acabados, mas em evolução. Nós nos transformamos através do nosso caminhar, das nossas decisões, em todos os momentos.*

A escolha profissional faz parte do compromisso que temos com nossa própria vida.

Vocês já devem ter ouvido as mais diversas expressões para designar o processo de escolha profissional. Por exemplo, **Teste Vocacional, Orientação Profissional, Orientação Vocacional** *etc. Essas expressões sempre trazem ora o termo vocacional, ora o termo profissional.*

É importante para nós entendermos o que essas duas palavrinhas querem dizer.

Vocação *vem do latim "Vocatione" – ato de chamar, escolha, chamamento, predestinação, tendência, pendor, talento, ap-*

tidão. Durante muito tempo, pensava-se em "vocação" como algo inato, hereditário, constitucional, enfim, algo da natureza do indivíduo. Vocação continha a idéia de ser escolhido e não escolher. As pessoas tinham vocação sacerdotal, para serem padres, por exemplo; ou vocação para médico etc. No entanto, com o desenvolvimento das ciências humanas, com pesquisas e estudos das sociedades nas diversas épocas, foi se constatando que as atividades desenvolvidas pelos homens estavam muito mais ligadas aos fatores políticos e sócio-econômicos do que aos fatores constitucionais do próprio indivíduo.

Assim o conceito de vocação foi se ampliando, de forma a não mais se imaginar que um indivíduo já nasce predeterminado constitucionalmente para uma profissão. Algumas pessoas apresentam tendências bastante claras e específicas, mas não é o que ocorre com a maioria.

Há um certo consenso, hoje em dia, em se entender orientação vocacional como um recurso educacional que ajuda o jovem a escolher e seguir esta ou aquela escolarização a fim de se profissionalizar. É claro e é fato também que **todos têm tendências, pendores, talentos, que se desenvolvidos poderão realizar-se na profissão, no trabalho e na vida.**

Como ao escolher o jovem leva em conta seus talentos, suas tendências, ou seus pendores, costuma-se chamar a escolha profissional também de escolha vocacional.

Existem dentro da psicologia **testes** que auxiliam no processo de uma escolha profissional. Porém os testes não determinam a sua escolha, eles podem no máximo fazer indicações, e mostrar tendências de sua personalidade e inteligência. A escolha será sempre sua.

Quanto à palavra **profissão** diz o dicionário: "Ato ou efeito de professar. Atividade ou ocupação especializada da qual se pode tirar os meios de subsistência. Ofício". Professar é fazer aquilo que a gente acredita, é fazer algo que nos realize e nos motive sempre e cada vez mais. Por isso é importante que escolhamos algo que tem a ver conosco. Algo que nos motive, que carregue um tanto de nossos interesses, de nossas habilidades e de nossas tendências.

É preciso se conhecer.

Para escolher preciso saber o tipo de pessoa que sou.

Um primeiro levantamento para saber que tipo de pessoa sou é respondendo aos seguintes itens:

• Quais são meus Interesses, ou seja, o que me atrai, o que gosto de fazer?

• Quais são as minhas Habilidades, quer dizer, os meus talentos, o que sou capaz de fazer, aquilo para que levo jeito?

• E quais as minhas Motivações, que é o que realmente quero fazer, juntando interesses e habilidades, e que me dá um sentido de realização?

5

QUARTA DINÂMICA

Nesse dia Berenice entregou o texto sobre a "Escolha Profissional". Deveriam ler individualmente; depois, em grupo, fariam os comentários e iniciariam as tarefas. Pediu que lessem em silêncio e que grifassem os parágrafos ou frases sobre os quais quisessem saber melhor.

Cada um lia o seu texto no próprio ritmo, quando Sérgio, considerado o *flash*, por fazer tudo rápido, terminou e, meio aflito, foi perguntando em voz alta à Berê:

– E agora, como vamos descobrir tudo isso?

Antes que a garotada entrasse num clima de ansiedade e agitação, Berenice explicou para a classe que eles iriam, assim que terminassem de ler, desenvolver algumas tarefas que os ajudariam a reconhecerem os próprios interesses, habilidades e motivações.

Quando toda a classe terminou de ler, Berê propôs:

– Agora vocês vão fazer o seguinte: peguem uma folha de papel, um lápis ou caneta e em silêncio escrevam:

1. as **brincadeiras** de que mais gostavam em crianças;

2. as **atividades** que costumam fazer além da escola. As atuais, e as que já fizeram alguma vez. Como, por exemplo, aulas de judô, inglês, piano, ou ainda, cuidar dos cachorros da casa, dos passarinhos do avô etc.

Berenice explicou também que de agora em diante eles estariam trocando idéias com seus colegas de grupo, mas que os relatórios teriam de ser individuais, pois estavam começando a traçar um caminho próprio para a escolha.

Apesar do pedido de silêncio todos começaram a falar ao mesmo tempo. Lembraram dos jogos de botão, dos carrinhos de controle remoto, das Barbies, dos "hominhos", dos videogames, dos Legos etc. etc. E ainda, dos jogos de futebol, das aulas de natação e de dança, empinar papagaio, rodar pião, das figurinhas, do "bafo", andar a cavalo etc.

Mariana foi coordenando o grupo depois que Berenice, pela terceira vez, pediu que todos se acalmassem. Tato acabou sugerindo que dividissem a página em duas colunas. De um lado escreveriam as atividades que já haviam feito, e de outro, as atividades que faziam atualmente, além da escola.

ATIVIDADES ANTERIORES	ATIVIDADES ATUAIS

Tato escreveu na sua folha, tanto numa coluna como noutra, a palavra **nadar**. E a essa seguiram-se outras atividades que ele também gostava de fazer, como dançar, surfar, e ajudar na organização de campeonatos de bicicross.

Além das aulas de judô e karatê, Sérgio contou e escreveu que ia pelo menos três vezes por semana ao escritório de contabilidade do pai para ajudá-lo. Disse que gostava de fazer e empinar pipas. Fazia muitas delas para seus primos menores, para os quais ele era um ídolo.

Fernando falou que não fazia nada de especial, mas que todos os consertos de casa eram com ele, desde o ferro elétrico até reparos no telhado. E que ele até havia montado um rádio a partir de peças de outros mais velhos. Quando era criança adorava montar quebra-cabeças e aquele brinquedo chamado Lego.

Alessandra gostava de brincar com bonecas, e sempre ajudou a mãe nas tarefas de casa. Gostava de bordar em ponto cruz como tia Flora. E cuidava de seus dois cachorros, Black e Kelly.

Belzinha adorava desenhar. Era só estar com um pedaço de papel e lápis que começava a fazer caricaturas das pessoa, ou desenhava cenas que imaginava. Essa imaginação desenvolveu muito com sua avó Bina. Adorava ir para a casa da avó, que era muito habilidosa: pintava cerâmica, tecidos, fazia crochê e cozinhava muito bem. Belzinha era a neta que mais tinha herdado as "prendas" da avó. "Você puxou sua avó Bina!", dizia-lhe sempre sua mãe. Dona Bina sempre tinha uma história para contar. "No meu tempo..." era assim que ela sempre começava. E ia contando como era diferente a cidade quando ela era criança. E Belzinha ia imaginando o cenário: a árvore frondosa, a praça do coreto, a rua de ipês roxos, e ia desenhando.

Mariana ia ao inglês duas vezes por semana, e também costumava praticar exercícios no clube às quartas-feiras. Não era muito a dela, mas como tinha problemas de coluna, fazia os exercícios regularmente. Gostava de ler. Lia o que caía na frente. Não só os livros da escola. Desde pequena gostava de estar com os livros, e seus pais sempre compravam um para ela. Tinha muitos autores nacionais superinteressantes! Disse que conforme lia se ligava nos personagens, mais do que nas novelas de televisão.

Marcos adorava futebol, jogou muito quando criança. E até hoje não perde uma partida de futebol. Chega até a viajar para outras cidades atrás dos jogos de seu time. Mas, atualmente, ele tem ido bastante para o sítio de seu tio Alcides. O tio é viúvo sem filhos, e gosta muito da companhia de Marcos. Juntos foram um dia comprar mudas para o pomar. Juntos plantaram a horta. Marcos disse que costuma passar horas a conversar com seu Anésio, o caseiro, aprendendo sobre a terra e como tirar leite da vaca Mimosa, e conhecendo histórias da região. Quando o tio não pode ir ao sítio, é Marcos quem vai para ver o que é preciso fazer, e cuidar dos cachorros, o que ele faz com muito carinho.

Pat disse que havia feito um *book* para ver se conseguia ser modelo. Gostava de cuidar da aparência. Fazia regimes, reflexos no cabelo e tinha todos os tipos de cremes para a pele. Não suportava quando via uma espinha nascendo. Gostava de festas, de fazer compras. Além disso, fazia curso de inglês e espanhol. Gostava de estudar línguas estrangeiras e seu pai a havia aconselhado a fazer o espanhol além do inglês. "Ah! – lembrou-se – tenho a maior paciência com crianças. Gosto de me sentar com elas, brincar, contar estórias; e também cuidar. Já, fiz várias vezes isso, no maternal da Tia Talita. É muito bom."

E assim todos foram anotando as atividades que faziam desde pequenos, além do videogame e da tevê, naturalmente. Começaram a perceber mais concretamente seus interesses e habilidades.

No final da aula a Berê pediu que todos guardassem o que escreveram. Pediu também que cada um abrisse uma pasta com o material dessas aulas, porque isso facilitaria observar o caminhar da própria escolha. Desejou a todos bons feriados, lembrando que só se veriam na outra semana.

Hoje os jovens começaram a iniciar a própria escolha. O nosso grupo não discutiu muito a respeito do texto quando fala sobre *vocação* e *profissão*. Sérgio "puxou" o grupo para as questões de autoconhecimento. Pareciam estar muito envolvidos com o tema. Mas em outros grupos falou-se muito da vocação de padre, sacerdote e médico. Para alguns as únicas vocações eram aquelas relacionadas com a "salvação", seja do corpo como da alma. Falou-se também das "vocações românticas" como ser bailarina, ser mãe, ou viver uma vida de aventuras, como alguns heróis do cinema. Berê lembrou-os dos talentos de cada um.

– É necessário talento para cada coisa que se for fazer, desde cozinhar até ser médico. Normalmente, quando uma pessoa faz bem-feito o que tem que fazer é porque tem algum talento para aquilo.

E contou a história do carteiro de sua rua, que é um carteiro especial, porque gosta do que faz e faz bem feito, o que é um talento.

– Ah!, devemos lembrar que pode-se ter um talento para um estilo de vida, um estilo mais autônomo, mais independente, como por exemplo, Amyr Klink. Os talentos são os mais variados, e eles compõem a riqueza da humanidade. Foi e é através desses talentos que o ser humano tem construído a própria história e a História do mundo.

A tarefa de hoje foi descrever as atividades que eles costumam ter. E as brincadeiras de infância. A princípio eles acharam que era só divertido, mas foram percebendo que essas atividades encerravam em si interesses e habilidades específicas. Contudo, para que isso ficasse ainda mais claro para eles, preparamos uma lista de verbos para que eles escolhessem o que gostam de fazer.

Dentro do meu trabalho de orientação pude observar ao longo dos anos que os jovens de hoje são mais estimulados a **fazerem** muitas coisas. Talvez a televisão, com seus filmes, estimule a uma vida mais ativa, ainda que a própria atividade de assistir tevê seja uma atividade passiva. Talvez porque muitos pais estejam mais atentos com a educação e o futuro dos filhos. Talvez ainda, porque a mídia nos mostra um mundo extremamente competitivo – não que não o fosse – mas muito provavelmente um maior número de pessoas ficou consciente do fato, com os temores conseqüentes. E ainda outro grande fator é que existe uma expectativa maior de vida, conseqüentemente cada vez mais se cuida da saúde, sendo que todos os esportes e as atividades físicas ficaram muito mais presentes do que anos atrás. Por todas essas razões, e outras mais, hoje os jovens não gostam, na sua maioria, por exemplo, de passar uma tarde lendo ou escrevendo diários e pensamentos. Por isso preparamos uma lista de verbos para que eles pudessem escolher dentre eles as *ações* mais pertinentes à própria personalidade de cada um.

6

Quinta Dinâmica

Naqueles dias muitos dos jovens viajaram. Tato foi para a praia com sua turma de *surf*. Sérgio resolveu organizar um churrasco no sítio. Alguns deles ficaram na cidade e aproveitaram para assistir filmes e ver uma partida de futebol que aconteceu naqueles dias.

Quando voltaram às aulas tinham muitas novidades para contar para os amigos. Todos de uma maneira ou outra haviam pensado no seu futuro profissional. Começaram a indagar os adultos para ver como eles haviam escolhido (ou não!), e como estavam nas suas profissões. Conversaram com os amigos sobre o assunto. Muitos vieram com a certeza do que NÃO queriam, mas sem saber o que queriam.

Berê iniciou a aula dizendo:

– Hoje vocês vão continuar pesquisando sobre vocês mesmos. Da última vez vocês descreveram as suas atividades, agora vão selecionar as AÇÕES que mais têm a ver com vocês. Então, a partir de uma lista de verbos que estão recebendo, escolham aqueles que são mais significativos para vocês. Vou distribuir essa lista e depois vou ler com vocês as instruções.

INSTRUÇÕES

Você tem abaixo uma lista de verbos. Leia atentamente e selecione aqueles que mais têm a ver com você. Para isso pense nas atividades que você costuma fazer, gosta de fazer, para as quais tem facilidade; ou ainda, que gostaria de ser ou fazer.

Em seguida forme com eles uma frase curta, como por exemplo: **jogo** *vôlei.* **Toco** *violão.* **Nado** *três vezes por semana. Gostaria de* **trabalhar** *em um laboratório químico. Gosto de* **imitar** *os outros. Tenho facilidade de* **criar** *objetos com as mãos etc.*

LISTA DE VERBOS

Ajudar	Analisar	Andar	Aprender	Arrumar
Assistir	Bordar	Brincar	Buscar	Calcular
Cantar	Competir	Compor	Comprar	Comunicar
Conhecer	Conquistar	Consertar	Construir	Convencer
Coordenar	Costurar	Cozinhar	Criar	Cuidar
Dançar	Descansar	Desenhar	Desenvolver	Desmontar
Dirigir	Escrever	Ensinar	Entrevistar	Estudar
Facilitar	Falar	Fazer	Filmar	Fotografar
Harmonizar	Idealizar	Imaginar	Imitar	Influenciar
Inventar	Jogar	Ler	Lidar	Liderar
Lutar	Mandar	Melhorar	Montar	Nadar
Observar	Organizar	Ouvir	Pesquisar	Plantar
Posar	Praticar	Querer	Relacionar	Representar
Resolver	Vender	Viajar	Tocar	Trabalhar

Berê certificou-se de que todos haviam entendido a tarefa, dirimindo pequenas dúvidas, e desejou-lhes um bom trabalho.

Mariana, Sérgio, Caco e Biro (esses dois do grupo **"Verdinho"**) ajudaram na distribuição das folhas. A atividade era individual.

Berê sentou-se na sua escrivaninha. Enquanto separava seus papéis observava a classe. Hoje os alunos pareciam mais compenetrados. Seria o tempo chuvoso, ou eles estavam envolvidos na tarefa? Eram bons alunos. A maioria sabia distinguir a hora da brincadeira e a hora do trabalho. Gostávamos de estar com eles.

Às vezes nos parecia que os jovens eram mais amadurecidos que os adultos, mais objetivos, e com menos medo da verdade que esses. A imagem do meu tio Bernardo veio-me à mente. Sempre taciturno. Nas refeições ficava calado, ou se falava, era de si mesmo. Não parecia ter interesse por nenhum assunto, dos filhos ou da casa. Só os seus problemas eram importantes. Parecia sempre que o mundo estava contra ele, e ele contra o mundo. Era um homem que não sabia equilibrar trabalho e lazer. Não sabia rir de si mesmo e dos próprios erros. Não tinha um pingo de humor. Minha tia e primos se ressentiam com isso. De fato, viver não é fácil! E como dizia uma amiga, era tarefa para maiores de dezoito anos! A vida tem seus altos e baixos. E faz parte enfrentar os obstáculos e desafios que a vida nos propõe. Talvez meu tio não visse assim. Para ele cada obstáculo era um drama! Como se a vida o tivesse traído!

Estava eu imersa nos meus pensamentos, e provavelmente Berê nos dela, quando Tato falou brincando:
– Acorda, "fessora". Onde você estava? Viajando?

Berenice logo se recompôs e disse, sorrindo: – Estava pensando em mil coisas. Pensando na vida!

– Ah! Deixa disso. Filosofando muito! Eu prefiro ir para uma praia e pegar uma onda. Aliás, eu queria dizer que você não colocou na sua lista o verbo "surfar". Posso pôr?

– Lógico que pode! – E virando-se para a classe ela disse: – Se vocês, como o Tato, lembrarem de algum verbo ou atividade que não esteja na lista, por favor acrescentem.

Depois de escreverem as frases, reunidos em grupo, contaram um para o outro os verbos que haviam escolhido. Berenice pediu-lhes então que tentassem agrupar esses verbos em duas grandes categorias:

1. As frases ou atividades ligadas ao lazer, *hobbies*, à vida em geral;

2. as frases ou atividades relacionadas ao mundo do trabalho, das profissões.

Berê explicou que tem coisas que a gente gosta de fazer, mas não vai ser profissional naquela área. Como gostar de esportes, mas não estudar esporte, nem ser um esportista. Ou mesmo gostar de viajar e nem por isso fazer turismo. Os alunos foram ajudando uns aos outros nessa diferenciação: **atividades gerais e atividades profissionais.**

O restante da aula foi ocupado com esse tema. Conforme iam terminando a tarefa recolhiam o material, à espera do sinal que estava para tocar.

Ao saírem da classe rindo e conversando, lembrei-me da observação do Tato e concluí que quem estava filosofando hoje era eu mesma. Vendo a alegria e espontaneidade dos jovens, fiquei pensando nas pessoas que perdem isso quando ficam mais velhas. Para a maioria delas é difícil crescer e assumir responsabilidades, então ficam amargas e azedam a vida dos outros. Resolvi conversar sobre isso com Berenice, pensando que de alguma forma poderíamos abordar esse tema com os jovens.

7

SEXTA DINÂMICA

É fácil observar que em geral as pessoas gostam de fazer aquilo para que têm capacidade, e que executam com certa ou muita facilidade. Portanto, é muito provável que as atividades e interesses das pessoas estejam relacionados com suas habilidades e talentos. Assim, por exemplo, quem gosta de criar textos normalmente tem facilidade de expressão escrita, e vai bem em Redação. Para ir bem em Matemática é necessário que se tenha facilidade para cálculos e a capacidade de concentração, além de uma dose de boa memória e de raciocínio lógico. Para se jogar basquete, é necessário boa agilidade física, boa coordenação motora, e assim por diante. E, ainda mais, temos a tendência de repetir aquelas atividades em que obtemos bons resultados e nos afastar daquelas em que não nos saímos bem. Isso reforça as nossas habilidades, e também aumenta as dificuldades.

Partindo desse raciocínio Berê explicou aos alunos que as matérias escolares nas quais eles têm maior facilidade de desempenho poderiam ser também indicadores de suas habilidades. E que essa tarefa complementaria as anteriores.

– Vejam, por meio das matérias em que vocês vão bem, poderemos encontrar uma série de características que vou chamar de **talentos**. **Agilidade física** é uma para se desenvolver num esporte. **Boa memória** e **concentração** são necessárias para várias atividades, como aprender Biologia, Física, Química, além de importante para ser uma boa secretária. Mas antes de falarmos sobre essas relações, gostaria que vocês colocassem num papel as matérias em que, ao longo dos anos escolares, vocês tiveram boas notas e bom desempenho. Em seguida vamos relacionar os talentos que foram e são necessários para o bom desempenho delas. Vocês vão receber uma folha com uma lista de matérias escolares e também uma lista de talentos.

MATÉRIAS

1. Sublinhe as matérias escolares em que ao longo dos anos você obteve boas notas e bom desempenho.

Português – Redação   Matemática
Português – Gramática   Química
Português – Literatura   Geometria
Inglês   Biologia
Física   Genética
Espanhol   Francês
História   Geografia
Computação   Filosofia
Psicologia   Sociologia
Educação Física   Jogos Esportivos
Desenho Gráfico   Religião

Trabalhos Manuais – Marcenaria, Cerâmica etc.

Educação Artística – Canto, Música etc.

2. Se houver alguma outra matéria, por favor, inclua-a.

TALENTOS

1. Leia atentamente a lista de talentos, e sublinhe aqueles que você acredita ter, e que devem estar relacionados com as matérias em que você vai bem. (E também com as outras atividades que você descreveu nas aulas anteriores.)

2. Separe, a seguir, seus talentos em duas grandes listas:

a) uma com os seus melhores talentos – aqueles que são mais expressivos para caracterizar você;

b) outra com os seus talentos que estariam num segundo lugar;

c) ainda, observe aqueles que você tem pouco ou nenhum:

Agilidade física
Agilidade mental
Agilidade para cálculo
Capacidade de fazer análises
Compreensão de texto
Compreensão para fatos sociais
Comunicabilidade
Concentração
Coordenação neuromotora
Criatividade
Dicção correta
Disciplina
Expressão escrita
Expressão oral

Firmeza nas mãos
Força muscular
Imaginação plástica
Memória auditiva
Memória para números
Memória para fatos
Memória visual
Paciência
Percepção espacial
Persistência
Persuasão (capacidade de convencer os outros)
Resistência física
Sensibilidade

Assim que começaram a fazer a tarefa, os mais diversos comentários surgiram. Falavam sobre as matérias e, inevitavelmente, sobre os respectivos professores.

Muitos aprenderam a gostar de determinadas disciplinas em conseqüência dos bons professores que tiveram. Outros "odiavam" (repetindo o linguajar deles) outras disciplinas pela razão inversa. Mas aos poucos foram separando as matérias dos professores e analisando os próprios interesses e habilidades em relação às mesmas.

Algumas questões foram bastante interessantes, como a que Mariana levantou:

– Pelo que estou vendo, Berê, alguns talentos são necessários em quase tudo na vida.

– Você pode me dizer quais são?

– Eu acho que **concentração** é um deles, disse Mariana. Ah! E **disciplina** também.

– Eu não consigo me concentrar, e isso me atrapalha em quase tudo – disse Pat.

– Disciplina chega mesmo ser uma premissa, ou requisito, como diria meu avô – disse Fernando

– É verdade – Berenice falou, concordando. – Disciplina significa fazer o que, de que, ser feito, como levantar cedo para ir à escola ou trabalho. Não faltar por qualquer motivo. Cumprir as responsabilidades. Disciplina briga com a Dona Preguiça!

– Mas as pessoas meio artistas e criativas são sempre meio indisciplinadas – disse Tato, encontrando uma forma de justificar seu jeito irreverente.

– Engano seu – falou Berenice. – Você sabe quantas horas um pianista precisa treinar por dia? Ou quantas horas de ensaio uma bailarina precisa antes de se apresentar? O que existe é uma grande confusão com o que se entende por criatividade. E é falsa a relação que se faz da criatividade com indisciplina ou bagunça, e também com disciplina e rigidez! Ser criativo significa ter capacidade de dar respostas novas para problemas velhos. E para isso não se pode ser mesmo muito rígido, senão só daremos as mesmas respostas. Tem pessoas que são "rigidamente indisciplinadas ou bagunceiras". Elas não sabem ser outra coisa senão isso! E não são nada criativas!

Belzinha então falou:

– Eu li outro dia um artigo de jornal sobre Picasso, aquele grande pintor espanhol. Ele dizia que em um trabalho artístico *10% é inspiração e 90% é transpiração*. Ou seja, a criatividade é importante, mas se não tivermos disciplina e capacidade de executá-la, ela se perde no ar como bolha de sabão.

Sérgio quis saber o que era **Percepção Espacial**. Berê explicou que era a capacidade de se organizar no espaço. Por exemplo, como colocar móveis numa sala de maneira harmônica. Como melhor aproveitar uma construção num dado terreno, ou mesmo um desenho numa página. E é necessária para colocar o carro numa vaga.

— E **Imaginação Plástica?** — alguém do outro grupo perguntou.

Falou-se então das pessoas que são capazes de imaginar objetos a partir de pedras, barro, ou madeira. São os escultores, os pintores, os chamados artistas plásticos. São aqueles que também imaginam uma cena de filme ou bolam cenários para produções de teatro, cinema ou televisão.

— Conta-se — disse Berenice — que Michelangelo, diante de uma grande pedra de mármore, dizia que a obra já estava pronta. Era só tirar o excesso. Diante da pedra ele "via" o Moisés ou a Pietà, que são esculturas belíssimas. É lógico que não precisa ser um Michelangelo para ter imaginação plástica. Mas, em geral, os artistas têm esse talento.

Berê aproveitou o final da aula para explicar que muitas vezes a gente tem talentos "ocultos" que acabam por se desenvolver conforme a vida os requisita. Eles estão lá, e quando a pessoa precisa, eles emergem. Aquela história de que "a necessidade faz o sapo pular". E quanto mais a gente as realiza, mais as habilidades vão se aprimorando.

— Às vezes — disse — a gente nem percebe que é bom em alguma coisa, porque para nós aquilo é normal.

— Mas ao observarmos os outros, ou quando os outros nos observam, percebemos mais claramente do que somos capazes — disse Fernando.

No final daquela aula comentaram que aquelas discussões e dinâmicas os tinham ajudado a se conhecerem melhor, além de perceberem como os outros são, e a imagem que eles passam uns para os outros. Foi um dos nossos primeiros *feedbacks*, bastante positivo.

Estávamos terminando a primeira parte do nosso planejamento – as atividades para o **autoconhecimento**. Mas antes de iniciarmos a segunda parte, que trata **das profissões e do mundo do trabalho,** propusemos aos alunos que retomassem todo o material das aulas anteriores e fossem montando sua autobiografia num relatório individual.

Ao descreverem suas atividades, seu cotidiano, os alunos foram reconhecendo suas tendências e preferências, e o mais importante, integrando-as e assumindo-as em sua própria vida como talentos pessoais.

Resumi alguns deles para exemplificar.

Mariana pôde reconhecer como era organizada e atenta. Que além de ler gostava de escrever, diferente dos outros. Gostava da língua, e interessava-se por Português em geral. Costumava também ensinar os colegas de classe quando tinham dificuldade de entender as matérias. Tinha jeito para a coisa.

Fernando percebeu como gostava das aulas de computação. Gostava de entender o mecanismo das máquinas, por isso vivia desmontando aparelhos eletrônicos em sua casa. E atualmente estava fazendo monitoria de Física e Química na escola. Percebeu que apesar de gostar muito de seu avô e dos princípios de vida que este ensinava, não tinha muito a ver com Direito.

Marcos com certeza não gostava de Matemática. Ele disse que se pudesse eliminaria Matemática do currículo. E que os professores deveriam deixar as pessoas passarem mesmo sabendo pouco. Depois foi entendendo que a Matemática é a base de inúmeras profissões, e instrumento para outras tantas. Nesse momento o diálogo foi bem curioso, por isso vou transcrevê-lo.

Berenice dizia: – ...a Matemática é importante na vida, para o seu planejamento doméstico, seu controle da conta bancária, da mesada etc. Vocês acham o professor Cláudio muito exigente, e reclamam o fato de que vocês só erram uma vírgula e ele considera a questão errada.

E a classe quase que num coro concordava, apoiando o Marcos. – "Bem, – continuou ela – imagine se seu pai trocasse as vírgulas de sua mesada e em vez de lhe dar R$ 20,00 lhe desse R$ 2,00? O que você iria achar?

– Ei, não é bem assim – reclamou ele. E todos riram, sabendo que é bem assim: a Matemática se concretiza no próprio bolso.

Na sua autobiografia, além de dizer que não gostava de Matemática, Marcos descreveu-se como alguém que tem facilidade de se relacionar com as pessoas em geral. Gosta mais de estar fazendo coisas do que pensando nelas. Gosta de estar mais no campo do que na cidade. E apesar de gostar muito de futebol, percebe-se como muito lento para qualquer atividade esportiva competitiva.

Sérgio é bom em Matemática e não gosta de Geografia e História. Tem habilidade de convencer as pessoas com suas idéias, e sempre foi um bom vendedor das pipas que fazia. Gosta de trabalhar no escritório do pai, mas não gosta "quando fica tudo muito rotineiro". Prefere mais agitação e dinamismo. Tem boa sociabilidade e facilidade de comunicação.

Como as aulas dessa semana foram ocupadas com a redação da autobiografia, Berenice reservou um tempo para contar à classe um conto chinês. À algazarra comum da aula seguiu-se um silêncio de se ouvir moscas enquanto Berê leu o conto.

Nosso objetivo era introduzir os alunos na questão dos valores e da ambição profissional.

UM AMBICIOSO PEDREIRO
Um conto chinês

Há muitos anos, na terra dos zhuang, havia um pedreiro muito habilidoso cuja fama até já tinha chegado às regiões vizinhas.

Um dia, um homem muito rico mandou-o fazer uma obra. O pedreiro, quando lá chegou, ficou extremamente impressionado com o luxo que havia naquela casa, nas vestimentas de sedas e brocados, na mesa repleta dos mais diversos e saborosos petiscos, na quantidade de empregados etc. Invejoso, abandonou o trabalho e só pensava na maneira de vir a ser, ele também, um homem muito rico.

Ora, os deuses imortais ouviram os seus desejos e fizeram dele um homem muito rico. Ao se ver assim, de repente, ele ficou louco de alegria.

Mas, um belo dia, passou diante de sua casa um mandarim sentado numa cadeirinha carregada pelos seus criados. Por onde ia era aclamado pelas pessoas que se inclinavam dando-lhe passagem. Mas o pedreiro, todo inchado no seu orgulho de "novo rico", recusou inclinar-se para saudar o mandarim, dizendo baixinho: "Não tenho eu também tantos servos como ele? Por que teria então de me inclinar diante dele?"

Por azar, o mandarim o ouviu e, estupefato com tal insolência, ordenou aos seus homens que o prendessem, e lhe dessem um bela surra depois de multá-lo.

Depois disso, o pedreiro só gemia e se queixava dizendo:

– Ai! Ai! Ser rico não é nada, ser mandarim é melhor ainda. E desde então, só pensava numa forma de se tornar um grande mandarim.

Acontece que os deuses imortais acabaram ouvindo seus desejos, e fizeram dele um grande mandarim. O pedreiro mais uma vez ficou louco de alegria. Porém, usando mal seu poder como mandarim, tratava o povo com tirania, provocando ira e ódio de todos.

Um dia, quando contornava uma colina com os seus homens, ele viu um grupo de encantadoras jovens zhuang. E com a cobiça de um tigre diante de um rebanho de ovelhas, mandou apanhá-las. Mas os gritos das mulheres foram tantos que surgiram camponeses de todos os lados com machados, enxadas e foices, avançando por cima dos homens do mandarim. Acabaram por dispersar os outros e amarrar o mandarim levando-o para o centro da aldeia e dando-lhe uma excelente sova. Depois dessa aventura, o pedreiro ficava arrepiado só de ouvir falar dos camponeses zhuang, e murmurava pelos cantos: "– Os mandarins não são nada perto dos camponeses zhuang!". E passou a desejar ser um dos camponeses zhuang. Novamente os deuses imortais ouviram seu desejo e satisfizeram-no.

Ao tornar-se um camponês zhuang, o antigo pedreiro ia todos os dias trabalhar nas encostas das montanhas. Era verão, e o sol queimava-lhe os miolos. Creio que por estar um pouco com miolo mole, foi que o nosso pedreiro começou a desejar dia e noite ser ele mesmo um sol. Sim: nada menos que um sol! E os deuses imortais fizeram dele um sol. Preso ao céu ele lançava raios de "fogo" que toda gente receava, e ele se divertia com seu poder. Ora, um belo dia, uma nuvem avançou com muita rapidez e escondeu o sol.

– E eu que julgava que o sol era o mais poderoso! – exclamou o pedreiro, com certo despeito. – Ora, afinal, ele não é nada perto de uma nuvem!

E como acontecera anteriormente, tanto ele desejou que acabou se tornando uma nuvem – leve, livre e solta nos céus. Mas um belo dia, sem perceber, veio um vento forte e o desfez num abrir e fechar de olhos. Do pequeno pedaço que sobrou, que mal dava para aproveitar a liberdade do céu, podiam-se ouvir as reclamações do ex-pedreiro, que agora queria ser vento. E assim foi até um dia o vento bater numa rocha, e descobrir que por mais que soprasse, as rochas das altas montanhas eram o seu obstáculo. Tornou-se então uma rocha, e imóvel ficou um bom tempo na encosta de uma bela montanha. Até que, um dia, um grupo de pedreiros descobriu aquela pedra que servia exatamente para o seu trabalho. Então, começaram a cortá-la. À vista disso, o pedreiro desnorteado pediu ajuda aos deuses imortais.

– Não foram boas as razões que te fizeram sair de sua condição primeira. É melhor que tu voltes a ela!

Desiludido de suas aventuras, ele parou de cobiçar a torto e direito. E resolveu se dedicar com afinco ao seu trabalho, sem julgar e invejar a vida alheia. Os seus clientes aumentavam dia a dia. Tornou-se, então, um notável pedreiro que era tido em consideração por toda gente de sua terra, e de terras vizinhas.

Ele muito aprendeu com tudo aquilo. Porém guardava no seu coração suas venturas e desventuras, que com o passar do tempo foram se tornando suas preciosas pedras de sabedoria.

8

SÉTIMA DINÂMICA

O conto do "ambicioso pedreiro" fechou a última aula. Berenice pediu que eles pensassem a respeito do conto, pois iriam falar sobre ele na aula de hoje.

Assim que a aula se iniciou os jovens começaram a comentar sobre a "personalidade" do pedreiro. Alguns o condenaram. Acharam-no muito "trouxa", outros acharam que ele devia acabar mal, pois teve muitas chances! Acharam também os deuses bonzinhos demais com um "cara tão tapado". Eu poderia dizer que os meninos condenaram mais o pedreiro que as meninas. Essas acharam que ele teve boas lições e boas sovas e "soube recomeçar a vida com mais humildade".

Berenice explicou que todos nós, assim como o pedreiro, temos valores que norteiam a vida. No caso dele era uma ambição desmedida e cega. E como a vida dá muitas voltas, ele acabou no mesmo lugar onde começou. E teve de se ver com a sua condição e profissão de pedreiro.

– Muitas vezes a gente não tem muito claro quais são os nossos desejos e os nossos valores na vida. Mas os deuses imortais estão lá, e acabamos conseguindo o que queríamos ou vivendo aquilo que acreditamos. Por isso, é bom saber quais são eles. E quais são nossos valores?

– Pra mim é ser feliz – disse um deles

– Eu gostaria de ter uma casa grande em que eu pudesse receber meus amigos, e também ter cachorros – disse Alê.

– Eu gostaria de viver numa praia – disse Tato.

– É isso! – disse Berê, interrompendo um pouco os jovens; e continuando sua fala: – São nossos valores aqueles que trazemos de casa, que fazem com que escolhamos um tipo de vida, um grupo de amigos e pessoas para a nossa convivência.

– Às vezes também temos valores que não "batem" com os de nossos pais – disse Tato.

– É verdade – continuou Berenice. Mas isso quer dizer que você formou seus valores junto aos amigos, ou no diálogo com outras pessoas ou mesmo na escola.

– Eu acho que a televisão é uma formadora de valores. Não é? – perguntou Mariana.

– Também – confirmou Berê.

– Mas é no diálogo com os outros que eu faço a minha cabeça – completou Sérgio.

– Mas não no diálogo com o meu pai. Que é só um monólogo – disse Tato. – Ele fala e a gente escuta.

Todos riram. E Tato continuou:

– Na cabeça dele, ele conversa muito com os filhos. Mas na verdade ele não nos escuta. Acha que não sabemos nada de nada, e que não temos opiniões. E se temos, não servem. Ele até já resolveu minha profissão! Tem todos os argumentos para isso.

Tato fez um gesto largo com as mãos como se estivesse abrindo um grande leque de cartas ao ar.

Pat entrou na conversa, dizendo:

– Meu pai acha que mulher não é para estudar muito. Ele diz que mulher muito inteligente e sabida não casa. E se casar não faz bom casamento. Mas ele também não quer que eu vá ser modelo – e rindo fez um gesto brejeiro com as mãos, afastando da nuca seus longos cabelos castanhos.

Belzinha, mais quieta como sempre, ouvia todos fazendo pequenas ilustrações no seu caderno. Nisso Fernando voltou-se para ela e perguntou o que achava.

Ela contou então que na casa dela havia um bom diálogo. Falava de tudo com os pais. Conversavam sobre política, os processos econômicos, novelas, profissões, sobre a escola, seus sentimentos etc. E o mais peculiar era que sua mãe funcionava como uma espécie de advogado do diabo em quase todos os assuntos, pois sempre tentava mostrar outros lados da questão e manter uma posição mais crítica. Nesses momentos seu pai a chamava carinhosamente de Emília, referindo-se à personagem de Monteiro Lobato, que tinha sempre um outro ponto de vista, às vezes, bem engraçado. Na verdade, seus pais tinham sólidos valores e ideais acerca da vida, do mundo e do ser humano.

– Ótimo, disse Berenice. – Como vocês estão vendo, nós temos valores que variam de família para família. Outros são comuns ao nosso grupo social, e outros ainda são valores da nossa cultura, são comuns a todos brasileiros. Porém, o importante agora é vocês reconhecerem quais são *os seus* valores. Aquelas coisas em que vocês *acredita*m e que muito provavelmente vão nortear suas vidas e a escolha de uma profissão.

Berenice explicou, em seguida, a dinâmica da aula de hoje. Partindo do conto do ambicioso pedreiro, eles deveriam apontar aqueles valores que consideravam importantes para suas vidas, e para um bom desempenho profissional.

As discussões foram bastante animadas nesse dia, e as vozes automaticamente subiam alguns decibéis, conforme os alunos defendiam seus pontos de vista. A posição de Berê foi manter o tempo inteiro o respeito diante das opiniões dos jovens, bem como exigir deles o respeito em relação aos outros. Esse é um princípio e um valor necessário para que haja esse tipo de aula. É um dos nossos princípios educacionais. Os valores estão na base de uma filosofia de trabalho e de vida. **Nós também precisamos ter claro quais são os nossos valores.** Berê possuía valores claramente assentados, o que permitia uma boa transparência nos seus atos. Como conseqüência era uma professora bastante respeitada por seus alunos. Por outro lado, estava sempre pronta para uma boa contra-argumentação quanto às suas posições. Aberta para rever e tomar uma nova direção, se fosse o caso.

9

As Profissões

Hoje iniciamos a segunda etapa de nosso trabalho: o levantamento sobre as profissões. Berenice explicou à classe que eles deveriam ter sempre em mente que para se escolher é necessário ter informações baseadas na realidade, nos fatos.

– O primeiro momento – disse Berê – foi conhecer um pouco mais a respeito de vocês mesmos. Nesse segundo momento é conhecer mais a respeito das profissões, dos cursos universitários, dos cursos técnicos, e do mercado de trabalho. Mas para nos situarmos melhor no momento em que vivemos, vou contar um pouco da evolução das profissões no Brasil.

Vou resumir aqui os pontos abordados por Berenice na sua aula.

Ela começou contando que as escolas de formação geral e básica, desde o descobrimento do Brasil, estavam ligadas aos padres jesuítas, que aqui vieram para ajudar a colonização e cristianização dos aborígenes. A medicina, por exemplo, era muito precária, estando quase sempre nas mãos de curiosos e envolta em magia e misticismo. Os índios conheciam plantas medicinais, mas nem sempre elas serviam para uma outra cultura – a dos brancos.

Os conhecimentos de engenharia também eram limitados e se restringiam entre os militares e alguns artesãos habilidosos, pois para a colonização houve necessidade de construir fortificações militares, pontes, cidades, faróis marítimos.

Grande parte das profissões, chamadas **ofícios**, eram passadas de pai para filho, ou de mestre para aprendiz. Por exemplo, o alfaiate, o sapateiro, carpinteiro, ferreiro, soldador etc.

Foi somente com a vinda da família real para o Brasil, em 1808, que houve incentivos mais concretos e objetivos com relação ao ensino. E já tínhamos 300 anos de História! Nesse mesmo ano foram fundadas duas escolas de Medicina, a da Bahia e a do Rio de Janeiro, que, apesar de fornecerem inicialmente um ensino bastante rudimentar, eram escolas estruturadas, com cursos regulares e sistematizados.

Em 1810 foi criada no Rio de Janeiro a Academia Real Militar com o objetivo de estabelecer um curso regular para a formação de oficiais de artilharia, engenheiros e topógrafos. Na ocasião iniciaram-se levantamentos cartográficos de diversas regiões do país para substituir os antigos mapas. Anos depois, já no final do século, criou-se a Escola Politécnica (que quer dizer "muitas técnicas"), separando os cursos civis e militares.

Além das escolas de Medicina e Engenharia, ocorreu a instalação dos primeiros cursos jurídicos do Brasil. Em São Paulo a instalação solene do curso se deu numa sala da igreja de São Francisco. E no mesmo ano abriu-se o curso de Direito em Olinda, Pernambuco.

Até os anos 40, desse século XX, a educação superior era estruturada a partir desse três cursos universitários: a Medicina, a Politécnica e o Direito, que abrangiam as três grande áreas de conhecimento: as biológicas, as exatas e as humanas.

Os principais fatores que geraram as grandes mudanças no mundo das profissões e das escolas que as habilitassem, foram a revolução industrial e as duas grandes guerras da primeira metade de nosso século. A demanda de profissionais diferenciados passou a ocorrer como conseqüência de uma diversificação no parque industrial do país.

Também no mundo dos escritórios a transformação está sendo muito rápida e completamente inovadora a cada dia com a entrada dos computadores. A palavra burocracia vem de uma palavra francesa, *bureau*, que quer dizer *escrivaninha*. Já pertence ao passado a figura daquele homem de óculos que ficava horas trabalhando em cima de uma escrivaninha anotando a vida contábil de uma empresa, fosse ela pública ou privada. Hoje ele é somente um personagem de filmes que retratam essa época. O computador surgiu e a transformação ainda não parou.

A informática invadiu também as indústrias. Mal nos acostumamos com a linha de montagem da revolução industrial, e hoje ela é substituída por robôs, ou seja, uma máquina computadorizada no lugar de uma pessoa. Só para se ter um exemplo rápido: o bombom que você pode estar comendo enquanto lê essas páginas foi embalado por máquinas e não manualmente como acontecia há alguns anos.

A revolução industrial e a expansão dos parques industriais no pós-guerra fizeram com que o campo fosse abandonado e as pessoas passassem a morar cada vez mais nas cidades. Agora, a revolução da informática está tirando as pessoas das fábricas, causando grandes problemas de acomodação social. As cidades estão deixando de ser áreas industriais para serem áreas de serviços. Isso ocorre porque, se por um lado diminuiu a necessidade de pessoas na indústria, está havendo grande necessidade de profissionais em áreas mais novas. Por exemplo, a indústria do turismo e do lazer não existia há bem pouco tempo. E as praças de alimentação? Seus avós e muitos de seus pais não conheciam isso na juventude deles.

E o campo? Muitos jovens não querem hoje morar nas grandes cidades, pois com o desenvolvimento das comunicações e dos transportes, eles podem ter uma qualidade de vida melhor em pequenas cidades, ou mesmo no campo.

Berenice deixou essas últimas questões em aberto, pois queria incentivá-los à reflexão. Muitas das questões sócio-econômicas eles as estavam vendo nas aulas de geografia do Brasil.

Os alunos comentaram com Berenice acerca da história das profissões. Queriam saber mais. Também discutiram a questão do emprego, do desemprego e das novas formas de trabalho. E isso ocupou o tempo final da aula.

10

Oitava Dinâmica

– Hoje vocês vão fazer uma atividade de pesquisa, e ao mesmo tempo de reflexão. Vou exemplificar. Vocês já pensaram quantas pessoas trabalharam para existir o tênis que vocês estão calçando? Ou quantas pessoas estão trabalhando para você assistir um programa de televisão? Ou ainda para existir uma escola? Então, para cada atividade nossa, ou consumo, existe um sem-número de pessoas que colaboraram para que aquilo existisse. Para que possamos pensar um pouco mais sobre isso, proponho a seguinte tarefa: cada um de vocês vai escolher um produto ou uma atividade de que gosta e tentar, a partir daí, levantar todos os profissionais envolvidos. Escolham coisas diferentes. Escolham algo que esteja próximo dos seus interesses. Esse produto pode ser o biscoito de que você gosta e compra no supermercado, ou a atividade que gosta de fazer.

A aula foi inteiramente ocupada com essa tarefa. Eles iam lembrando dos profissionais e iam se ajudando mutuamente, não sem fazerem algumas piadinhas uns com os outros.

– Berê, mas a gente não sabe o nome da profissão de muitas dessas pessoas, a gente só sabe o que ela faz – disse Marcos.

– Tudo bem, – ela respondeu. – Descreva então o que faz com suas palavras, e depois a gente vê como se chama esse profissional, qual seu nome técnico.

Belzinha escolheu um doce que sempre comia na doceira "Vó Sinhá". Era uma queijadinha de coco especial. Então, ela começou a pensar desde quem planta o coco, o trigo. Depois na confecção dos utensílios como fogão, panelas etc. Quem será que inventou o doce? Quantas pessoas são necessárias numa cozinha? E quem bolou a loja? E também tem o pessoal que vende!

Marcos, apesar de gostar de comer muito bem, resolveu pensar no sítio do tio, aonde ele gosta de ir. Lembrou-se do veterinário que cuida da vacinação dos animais, e por isso ele pode tomar o bom leite da vaca Mimosa; do engenheiro agrônomo; do "cara que veio tirar amostra da terra" para ver se ela era boa para plantar uvas (um técnico agrícola); do cara que faz a manutenção do trator (um mecânico "especializado"). Pensou nos insumos agrícolas, e nas possíveis profissões ligadas ao mundo rural.

Mariana falou que estava adorando o livro que estava lendo. Havia um grande número de pessoas envolvidas desde a plantação da madeira para fazer o papel, passando pelo mundo das gráficas, até o vendedor da loja que vendeu o livro. Sem contar no autor e no editor. Comentou também sobre a indústria de reciclagem de papel e da importância da coleta seletiva de lixo.

A prancha de *surf*, e todos os complementos utilizados para surfar, foi o assunto de Tato. Disse também que gostava da natureza e do mar, e selecionou as profissões ligadas à preservação do meio ambiente, à ecologia e às ciências biológicas.

– A primeira coisa que me vem à cabeça é o escritório do meu pai e dos inúmeros contatos que ele tem – disse Sérgio. O pai, como contador, tinha como clientes profissionais das mais diversas áreas, que na época de entrega do Imposto de Renda pediam-lhe ajuda.

Pat resolveu falar dos seus cremes de beleza, e da importância da indústria de cosméticos no mundo. A partir daí, voou pelo mundo da moda, das modelos e do marketing.

Alê, como não podia mais falar de suas cachorras (o Marcos havia escolhido uma área que incluía veterinária), resolveu pensar nas Barbies e outros brinquedos, o que envolvia muita gente.

O mundo dos computadores foi a área escolhida por Fernando. Ele queria entender como eram feitos os computadores, e até começou a perceber o seu próprio entusiasmo ao falar do assunto.

Quando a aula terminou eles entregaram suas listas de profissionais. Eles saíram satisfeitos com a tarefa, achamos que pareciam até mais sérios ao falarem das profissões e da importância das mesmas. Perceberam que, apesar de anônimas, muitas pessoas eram responsáveis pelo bem-estar deles, como um dia eles seriam também pelo bem-estar de outros.

Berê e eu arrolamos todas as profissões mencionadas por eles numa única lista. Preparamos também um roteiro de pesquisa para que aprofundassem o conhecimento sobre algumas delas. Eles não teriam tempo hábil, nem interesse de pesquisar tantas carreiras. Porém, é importante que eles saibam que elas existem. Por isso preparamos também uma lista complementar de profissões que eles não mencionaram. Nosso objetivo é que eles aprendam a procurar informações sempre que precisarem tomar decisões. Que saibam ampliar suas visões, sem se perderem nessa ampliação, e que também saibam selecionar sem restringir o conhecimento.

11

NONA DINÂMICA

– Como vocês puderam perceber na aula anterior, existe um número bastante grande de profissões. Hoje vocês vão começar a pesquisar sobre elas. Para isso, cada um de vocês vai escolher pelo menos uma profissão, em seguida responder a um roteiro de pesquisa que elaboramos para vocês. Respondendo a essas questões vocês vão eliminar muitas dúvidas e idéias preconcebidas sobre as profissões.

– Mas como vou fazer isso sozinho, se eu mesmo não sei muito a respeito? – indagou Tato.

– Por isso vão fazer uma pesquisa. Aqui em classe e fora da classe. Trouxemos hoje vários guias de profissões, material encontrado nos jornais e revistas, além de vários folhetos de Escolas Técnicas e Universidades. Então começamos aqui, mas vocês vão continuar em casa. Com esse roteiro nas mãos, podem entrevistar profissionais da área, ou que entendam do assunto. Podem pesquisar na Internet. Podem ir até uma Universidade ou Escola Técnica, se tiver aqui na região, e fazer o seu levantamento. Nós vamos ter um tempo para isso: duas semanas. O que acham?

Alguns concordaram, outros não. Mas resolvemos deixar a tarefa para duas semanas, pois com mais tempo haveria uma dispersão da classe. Sempre existem aqueles que fazem no prazo, e aqueles que "enrolam" e deixam para a última hora. Resolvemos privilegiar os primeiros.

ROTEIRO

1. NOME DA PROFISSÃO : _____

2. O QUE faz esse profissional: defina as atividades básicas da profissão

3. QUAIS são os requisitos para o exercício dessa profissão: defina as principais habilidades – físicas, mentais, intelectuais e emocionais – para o exercício da profissão.

4. QUAIS são as áreas de interesse: defina do que a pessoa tem de gostar para exercer essa profissão.

*5. COMO se chega a essa profissão: quais os **cursos** necessários que habilitam para o seu exercício? Qual a duração* desses cursos? O que se aprende neles: as matérias que existem no currículo.

6. ONDE existem os cursos e as práticas para desenvolvimento desse profissional. Defina e pesquise: as Escolas Técnicas, Cursos Universitários, Cursos de Extensão Universitária, Pós-Graduação, locais de estágio, que envolvam essa profissão.

7. ONDE esse profissional pode atuar: defina as áreas de atuação do profissional e como estão essas áreas. Pesquise sobre o **mercado de trabalho** desse profissional: quais as perspectivas? Existem muitos profissionais na área? (relação entre oferta e demanda). Em que regiões do país se encontram as melhores oportunidades para esse tipo de profissional?

8. COMO o trabalho é desenvolvido: defina: o tipo de rotina de trabalho desse profissional (horários, ritmos, viagens etc.); o **ambiente** de trabalho: escritórios, fábricas, externo etc.; e as **relações** envolvidas: clientes, chefes, grupos etc.

9. QUAIS os **ganhos** com essa profissão: dinheiro, prestígio, e os vários tipos de satisfação pessoal etc.

10. QUAIS as **dificuldades** para o exercício da profissão, e também as dificuldades do mercado de trabalho.

Alguns alunos, que na classe sentam mais à frente, foram ajudar Berenice a distribuir as folhas do roteiro e também as listas feitas pelos alunos na aula anterior. Eles começaram a se organizar para utilizarem o material que levamos para a classe.

Alguns deles escolheram mais de uma profissão para pesquisar. Outros escolheram uma só. Pat escolheu três: Administração, Hotelaria e Turismo.

Fernando resolveu pesquisar a área de Informática e ficou com Engenharia da Computação e Análise de Sistemas.

Marcos se interessou por Gastronomia, um novo curso universitário, e também Administração Rural.

Alê pesquisou sobre Veterinária e Ecologia.

Tato quis saber a diferença entre Faculdade de Esporte e Educação Física.

Mariana escolheu Direito, Letras e Lingüística.

Sérgio descobriu que havia um curso de Ciências Atuariais, que é um profissional que trata de seguros. Escolheu também Ciências Contábeis.

Belzinha procurou saber um pouco mais sobre o mundo das artes: Artes Plásticas e Desenho Industrial, e acabou também por pesquisar Arquitetura e Design, esse um novo curso universitário.

Eles também ficaram sabendo que existem cursos técnicos de excelente qualidade, e que algumas profissões ainda são passadas de mestre para aprendiz, como restaurador de quadros e de peças antigas. Algumas delas existem até hoje no Liceu de Artes e Ofícios.

— Meu avô disse que o Liceu tinha a melhor escola de carpintaria do país. E que o pai dele, meu bisavô, estudou Desenho e Projetos em Hidráulica — falou Fernando com certo orgulho.

Nessas duas semanas eles ficaram envolvidos com a pesquisa. Pedimos que guardassem todo o material encontrado, pois poderiam usá-lo na feira de profissões.

Eles deveriam ter também duas semanas para prepararem o que fariam para sua apresentação. E assim foi. Um dos grupos escolheu trazer um profissional do mercado para conversar com os alunos. Outro grupo resolveu trazer três estudantes universitários para um debate com a classe. Outro grupo aprontou cartazes com colagens, bastante bonitos. Eles espalharam os cartazes pelas paredes da classe, mas para entendê-los os alunos tinham de responder a certas charadas bastante criativas que iam apontando para a compreensão das profissões escolhidas. Outro ainda fez um pequeno teatro de mímica representando os profissionais.

Levamos algumas semanas para a preparação das apresentações.

12

A Feira de Profissões

A Feira de Profissões aconteceu num sábado pela manhã, aberta para pais, professores e alunos. Berê e eu tivemos um bom trabalho para organizar esse dia. Preparamos, logicamente com a ajuda dos alunos, as salas com os cartazes, o local da apresentação formal, um pequeno teatro improvisado no pátio coberto. Organizamos também os tempos das falas dos profissionais, dos estudantes (que acabaram permanecendo conosco a manhã toda), o tempo do teatro, bem como os intervalos.

Berenice e eu ficamos emocionadas ao vermos as apresentações dos grupos. Eles haviam feito um trabalho muito bom. E o mais importante é que todos participaram com muito empenho. Com carinho guardamos os cartazes e o material preparado por eles.

Nosso grupo resolveu apresentar um teatro com

jogral. Algo deles. Na tela do fundo do palco improvisado projetaram *slides* coloridos, e em alguns momentos colocaram música. Caco e Camila ajudaram na hora para controlar o som e o visual. E os oito integrantes foram para o palco. Transcrevo abaixo o texto do jogral. Incluia até um trecho da poesia de Fernando Pessoa, chamada "Tabacaria".

Posteriormente, Berê comentou:

– Esses jovens sabem fazer as coisas e sempre nos surpreendem!

TEXTO DO JOGRAL

– *Escolher uma profissão?*

– *Ah! O que é isso?*

– *Não, não quero escolher nada. Obrigada.*

– *Mas é preciso!*

– *Deixa pra lá.*

– *A gente vai levando.*

– *Não, não quero nem pensar.*

– *Mas eu não quero ficar com alguém que não pensa.*

– *Mas é tão difícil!*

Todos:

"Fiz de mim o que não soube.

O que podia fazer de mim não o fiz.

O dominó que vesti estava errado.

Conheceram-me logo por quem não era. E não desmenti.

E quando quis tirar a máscara, estava pregada à cara.

Quando a tirei e me vi no espelho, já tinha envelhecido:

Estava bêbado e não sabia vestir o dominó que não havia tirado."

– Então, vejam!

– Humanas ou Exatas?

– História é maçante.

– Matemática é aquele cano.

– Espera!

– Mas até que você tem jeito para desenho.

– Por que não arquitetura?

– No tempo de seu avô...

– Ah! No tempo de meu avô.

– Eram os anos heróicos.

– As profissões eram...

– Engenharia, Medicina e Direito.

– Pouca opção, é verdade.

– Mas a briga era bem menor.

– De lá para cá as ciências avançaram.

– Aperfeiçoaram-se as técnicas.

– Computador, Internet, Celular.

– Fábrica de hambúrguer!

– Surgiram novas profissões.

– E diminuíram os empregos!

– E a concorrência aumentou.

– Aumentou taaaanto!

– Está cada vez mais difícil sair da multidão.

– Achar um lugar nessa massa de desconhecidos.

– Como fazer? O que escolher?

– Todos nós temos capacidades físicas, emocionais e intelectuais.

– E também habilidades, interesses e motivações.

– *Qual o ramo de atividade que melhor aproveitará meus recursos?*

– *Onde eu me encaixo?*

– *Onde **eu quero** me encaixar?*

– *Nessa escolha o puro acaso e a sorte não podem entrar.*

– *Nem aquele velho sonho de sua mãe ou de seu pai, que não tem nada a ver com você.*

– *A sua escolha também não tem nada a ver com o sucesso de seus ídolos.*

– *E a fortuna que você pode vir a fazer, também é um dado relativo na escolha.*

– *Portanto, é preciso se conhecer.*

– *É preciso se informar.*

– *Existem muitas atividades das quais nunca lembramos, e que podem ser boas alternativas de profissão.*

– *Outras de que nunca ouvimos falar e com que nem sonhamos.*

– *É preciso buscar. Consultar. Livros, jornais, revistas...*

– *Professores.*

– *E que tal uma conversa com um profissional da área que você está interessado?*

– Desta forma você vai descobrir muita coisa. Derrubar alguns mitos.

– Formar um quadro mais claro e verdadeiro das opções do mercado de trabalho.

– Você terá mais chances de se realizar.

– E realizar muitas coisas na sua profissão.

– E qual será?

– Não sei não.

– Quer conhecer algumas?

– Que tal Veterinária?

– Hotelaria, ou Gastronomia.

– Então, venha conosco.

– Que sobre elas vamos te contar.

– Preparamos um vasto material.

– A jornada vai começar.

– Para você encontrar seu espaço profissional.

– Esses são só os primeiros passos.

– Tenha os olhos abertos para as oportunidades.

– *Enfrente os obstáculos.*

– *Curta as alegrias.*

Todos:

– *Aprenda a escolher.*

– *E você não vai se arrepender.*

O jogral terminou com uma música escolhida pelo Sérgio, e já se confundia com os aplausos de toda a classe.

Carlinhos aproveitou para vir até a Pat que, eufórica, comentava a *performance* do grupo. Rindo, disse que ela deveria fazer teatro, ou algo do gênero.

A manhã da Feira de Profissões passou muito rápida. Foi um evento que mobilizou a escola. O semestre estava praticamente terminado. Tínhamos poucas aulas para darmos o nosso *feedback* e a avaliação dos alunos.

No próximo semestre estaríamos orientando-os para os cursos preparatórios que os levariam às suas escolhas, vestibular e outros. Tínhamos também um projeto de tratarmos do tema *Cidadania: Escola e Trabalho.*

Numa dessas últimas aulas Berê relembrou mais uma vez que a escolha é um processo e que muitas vezes a vida nos traz viravoltas que nos assustam, mas que devemos continuar fazendo o que precisa ser feito, e bem feito. – Em todas as circunstâncias sempre há algo para aprender – disse ela. E, então sugeriu se eles queriam ouvir mais uma de suas estórias. Esse era um conto sufi, que falava exatamente dessa aprendizagem que vamos adquirindo ao longo da vida. A classe topou. Parece que eles gostavam de ouvir estórias. Mas quem não gosta?

– O conto é sobre Fátima, uma fiandeira. Ela fiava a lã dos carneiros. A palavra Fátima tem a mesma origem de *fato*, e quer dizer *destino*. Então vamos à estória.

FÁTIMA, A FIANDEIRA
Um conto sufi

Numa cidade do mais longínquo Oriente vivia uma jovem chamada Fátima, filha de um próspero fiandeiro. Um dia seu pai lhe disse:

– Filha, faremos uma viagem, pois tenho negócios a resolver nas ilhas do Mediterrâneo. Talvez você encontre por lá um jovem atraente, de boa posição, com quem possa se casar.

Iniciaram assim sua viagem, indo de ilha em ilha; o pai cuidando de seus negócios, e Fátima sonhando com o homem que poderia vir a ser seu marido. Mas um dia, quando se dirigiam para Creta, armou-se uma tempestade e o barco naufragou. Fátima, semiconsciente, foi arrastada pelas ondas até uma praia perto de Alexandria. Seu pai estava morto, e ela ficou inteiramente desamparada.

Podia recordar-se apenas vagamente de sua vida até aquele momento, pois a experiência do naufrágio e o fato de ter ficado exposta às inclemências do mar a tinham deixado completamente exausta e aturdida.

Enquanto vagava pela praia, uma família de tecelões a encontrou. Embora fossem pobres, levaram-na para sua humilde casa e ensinaram-lhe o seu ofício. Desse modo Fátima iniciou nova vida e, em um ou dois anos, voltou a ser feliz, reconciliada com sua sorte. Porém um dia, quando estava na praia, um bando de mercadores de escravos desembarcou e levou-a, junto com outros cativos.

Apesar de lamentar amargamente seu destino, eles não demonstraram nenhuma compaixão: levaram-na para Istambul para venderem-na como escrava. Pela segunda vez o mundo da jovem ruíra.

Mas quis a sorte que no mercado houvesse poucos compradores na ocasião. Um deles era um homem que procurava escravos para trabalhar em sua serraria, onde fabricava mastros para embarcações. Ao perceber o ar desolado e o abatimento de Fátima, decidiu comprá-la pensando que poderia proporcionar-lhe uma vida um pouco melhor do que teria nas mãos de outro comprador.

Ele levou Fátima para casa com a intenção de fazer dela uma criada para sua esposa. Mas ao chegar em casa soube que tinha perdido todo o seu dinheiro quando um carregamento foi capturado por piratas. Não poderia enfrentar as despesas que lhe davam os empregados e, assim, ele, Fátima e sua mulher arcaram sozinhos com a pesada tarefa de fabricar mastros.

Fátima, grata ao seu patrão por tê-la resgatado, trabalhou tanto e tão bem que ele lhe deu a liberdade, e ela passou a ser sua *ajudante de confiança. E os negócios prosperaram. Assim ela chegou a ser relativamente feliz em sua terceira profissão.*

Um dia ele lhe disse: – Fátima, quero que vá a Java, como minha representante, com um carregamento de mastros; procure vendê-los com lucro.

Ela então partiu. Mas quando o barco estava na altura da costa chinesa um tufão o fez naufragar. Mais uma vez Fátima se viu jogada como náufraga em um país desconhecido. De novo chorou amargamente, porque sentia que nada em sua vida acontecia como esperava. Sempre que tudo parecia andar bem, alguma coisa acontecia e destruía suas esperanças.

– Por que será – perguntou pela terceira vez – que sempre que tento fazer alguma coisa não dá certo? Por que devo passar por tantas desgraças?

Como não obteve respostas, levantou-se da areia e afastou-se da praia.

Acontece que na China ninguém tinha ouvido falar de Fátima e de seus problemas. Mas existia a lenda de que um dia chegaria certa mulher estrangeira capaz de fazer uma tenda para o imperador. Como naquela época não havia ninguém na China que soubesse fazer tendas, todo mundo aguardava com ansiedade o cumprimento da profecia.

Para ter certeza de que a estrangeira, ao chegar, não passaria despercebida, uma vez por ano os sucessivos imperadores da China costumavam mandar seus mensageiros a todas as cidades e aldeias do país pedindo que toda mulher estrangeira fosse levada à corte.

Exatamente numa dessas ocasiões, esgotada, Fátima chegou a uma cidade costeira da China. Os habitantes do lugar falaram com ela através de um intérprete e explicaram-lhe que deveria ir à presença do imperador.

— Senhora — disse o imperador, quando Fátima foi levada até ele — sabe fabricar uma tenda?

— Acho que sim, Majestade — respondeu a jovem.

Pediu cordas, mas não tinham. Lembrando-se dos seus tempos de fiandeira, Fátima colheu linho e fez as cordas. Depois pediu um tecido resistente, mas não tinham do tipo que ela precisava. Então, utilizando sua experiência com os tecelões de Alexandria, fabricou um tecido bem forte, próprio para tendas. Percebeu que precisava de estacas para a tenda, mas não existiam no país. Lembrando-se do que lhe ensinara o fabricante de mastros em Istambul, Fátima fez as estacas. Quando essas estavam prontas ela puxou pela memória, procurando lembrar-se de todas as tendas que tinha visto em suas viagens. E uma tenda foi construída.

Quando a maravilha foi mostrada para o imperador, ele se prontificou a satisfazer qualquer desejo que Fátima expressasse. Ela escolheu morar na China. Tempos depois, casou-se com um belo príncipe, com o qual viveu, rodeada pelos seus filhos, muito feliz até o fim de seus dias. Através dessas aventuras Fátima compreendeu que o que em cada ocasião lhe tinha parecido ser uma experiência desagradável, acabou sendo parte essencial para sua felicidade.

Epílogo

O projeto desse livro ficou muitos anos engavetado. Literalmente guardado numa gaveta. Lá no fundo. A escola tem um dinamismo muito rápido, e nos mantém ocupados o tempo inteiro. O meu trabalho como orientadora segue o ritmo quase frenético da escola e das mudanças sempre constantes do nosso país, e por que não dizer do mundo. O nosso trabalho de orientação profissional continua, e sempre com bons resultados. Os grupos são diferentes e trazem pontos que nos ajudam a uma constante reflexão. Trabalhar com jovens me faz sentir jovem. Tenho de estar sempre me renovando.

Por pura coincidência, Mariana veio até a escola há dois dias. Foi muito bom encontrá-la. Cinco anos se passaram desde a sua formatura de 2º Grau. Ela está uma mulher bonita e elegante. Veio encontrar sua tia que trabalha na escola. Perguntei-lhe de todos. E como naquela famosa poesia de Drummond, Fernando paquerava Mariana, mas ela está noiva do Sérgio. Está fazendo Direito, no último ano e já trabalhando com Sérgio no escritório do futuro sogro. Esse optou por Administração, e pretende ampliar os serviços do escritório.

Fernando está muito feliz, morando em outra cidade e fazendo Engenharia de Computação.

Tato faz Esportes, mas pretende morar na praia, e montar uma escola de mergulho.

Marcos resolveu unir dois dos seus interesses: o do sítio e uma boa mesa. Iniciou um projeto de tanques para criação de peixes. Está aumentando a horta e o pomar. Fez Nutrição e quer ter um restaurante que aproveite a produção do sítio.

Belzinha está fazendo Desenho Industrial, e acabou de conseguir uma bolsa para estudar em Milão.

Pat cursa Secretariado Executivo e mais três línguas. Como é uma relações-públicas nata, já está trabalhando na Secretaria da Cultura da cidade.

E Alê só podia ser Veterinária. E adora.

Esta obra foi composta pela Página Um Design Gráfico e Editorial
em Palatino e impressa pela Palas Athena em off-set
para DeLeitura Editora e Comércio Ltda.
em março de 2000.
Tiragem da 2ª edição: 1000 exemplares.